詩로 쓴 자서전

김영희 지음

詩로 쓴 자서전

저자	김영희
초판인쇄	2023. 2. 27.
발행일	2023. 2. 28.
발행처	동아문화사
발행인	박창용
주소	대구 달서구 장기로65길 11-9 우편번호 42699
연락처	제작부·편집부 053-252-9060, 팩스 053-257-5446
저작권자	ⓒ 김영희 yhkim5855@hanmail.net, 010-6364-0096

이 책의 저작권은 저자에게 있습니다.

Copyright ⓒ 2023 Kim Younghee

좋은 독자가 좋은 책을 만듭니다.
값 **15,000원**
※ 잘못된 책은 바꿔드립니다.
ISBN 979-11-89130-23-7

영희의 인생노래

詩로 쓴 자서전

김영희 지음

동아문화사

Contents

Ⅰ. 서시   17

서시(序詩)   18

Ⅱ. 애가 왜 이래?   21

애가 왜 이래?1   22
애가 왜 이래?2   23
애가 왜 이래?3   25
애가 왜 이래?4   26
애가 왜 이래?5   27
애가 왜 이래?6   28
애가 왜 이래?7   30
애가 왜 이래?8   32
애가 왜 이래?9   34
애가 왜 이래?10   40
애가 왜 이래?11   42
애가 왜 이래?12   44
딸딸이 엄마의 비애(悲哀)   49

Contents

III. 손자·손녀　　51

빵	52
밖	53
킥보드	54
오늘의 미션	55
얼굴	56
까꿍	58
내 동생 예빈이	59
3초 섰다	60
엄마는 척척박사	61
똘똘한 예빈이	62
'엄마'의 마술	63
동생은 나를 좋아해	64
동생 1	65
동생 2	66
비눗방울 놀이	67
잠	68

IV. 가정주부　　71

가정주부 1	73
가정주부 2	74
가정주부 3	75
가정주부 4	76
가정주부 5	77
가정주부 52 ǀ 소양교육, 2021년	78
손편지 1	79
손편지 2	80
형제 자매	82
큰동서	84
삶의 경계에서	86
입원 생활 안내문	88
내 몸 사용 설명서	89
영광의 상처 ǀ 김장 유감	90
김장유감	92
김장김치	93
인지상정 ǀ 보통 마음	94
가정주부 64 ǀ 격세지감	96
또 김장	97
가정주부 65 ǀ 자식이 뭐길래	98
사돈 ǀ 2021년	100

V. 단상   115

마스크한 세상 | 2020년   116
어떤 추석, 2021   117
행복   118
나이야가라 폭포 | 나이야가라 폭포를 관광하며   120
시간   121
마음속 시계   122
세월   123
노년   124
미래를 읽다 | 노화   126
미래 경제를 읽다, 2021년 | 키오스크   128
시인(詩人)   129
이유 2020   130
낙동강   131
망과 송년   132
제사(祭祀)   133
지각   134
행복학교   135
대상포진   136
김기사   137
문어   138
가장   139
잠과 나   140
수박   141
어느 날의 뉴스   142
모국(母國)   143
읽기의 중요성 | 단상   144
이웃사촌   145
장마   146
주왕산   147
추석 보름달   148
얌치 | 마음이 깨끗하여 부끄러움을 아는 태도   149
오늘은 좋은 날   150
불효   151

VI. 낙화   155

낙화 1   156
낙화 2   157
낙화 3   158
고구마 줄기   159
싹   160
잡초   161
어떤 세상   162
살구   163
사막의 장미   164
수박   165
사마귀 | 당랑거철   166

작가의 말   168

I

서시

서시(序詩)

나는
일생에 책 한 권 내는 것이 목표였다

자서전을 시작할 때는 참 기뻤다
그런데 시작하자 바로 막혔다

많고 많은 사진과
많고 많은 시만 믿었는데
막연히 믿었던 사진도
막연하게 지어두었던 시도
막상 찾으려니 정리가 되지 않았다

자서전이 완성되면
내 인생의 문제가 정리 정돈되겠다
나와의 정리가 시작되었다

사는 것은 새옹지마
잘한다고 한 것이
잘못되고

고통받고
교훈을 얻는다

나의 시행착오를
웃으며 참고하기를

내 인생에 인연이 닿은 분들에게
이 글을 드린다

기적의 물고기와 빵

II

애가 왜 이래?

애가 왜 이래? 1

내 나이 25살
나도 아직 엄마가 필요한데
결혼해서 엄마가 되었다
주변에 애 구경도 못 해 봤으니
처음엔
"이게 뭔가?" 싶었다
준비도 덜 되고 엄마가 되니
어려움이 많았다
그중에
기저귀가 가장 문제다
어른들이 시킨 대로
결혼 전 '함' 들어올 때 묶은 가제 천으로 기저귀 20개를 만들고
몇 달 지나 애기 오줌양이 많아지면 이어 붙여서 10개로 만들었다
애는 똥오줌을 같이 하루에 24개씩 내는 것이었다
틈내어 씻고 세탁기로 말리기 바쁘고
궂은 날이나 비라도 오는 날은~~
덜 마른 기저귀라도 채워야 했다

둘째는 누가 뭐래도 종이 기저귀를 일 년 내내 사용했다
일 년을 쓰다가 발진으로 중단할 때까지~~~

애가 왜 이래? 2

"소새끼 만들지 마라"는
아버지 말대로 열심히 젖을 먹였다
그런데~
애는 체중이 잘 늘지도 않고,
똥오줌도 같이 아니
정확히 물똥을 조금씩 내고
두 돌이 지나도 젖을 못 떼고 있었다
지금 생각해보니
내가 음식을 잘 안 먹어서 영양실조다

두 번째 아이는 누가 뭐래도 소새끼로 키웠다
결과
뽀얀 피부에 살이 통통
면역은 약

첫딸

애가 왜 이래? 3

두 돌이 지났는데
애가 젖만 찾고
젖은 잘 안 나오는 것 같고
쓴 것을 젖에 발라보고
다른 음식도 잘 안 먹고

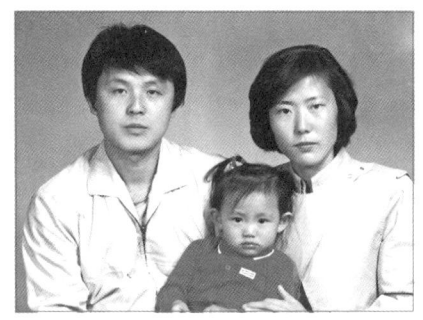

복지관에서 요리를 배우고
집에서 실습하고
내가 자립이 되기를 여러 가지 노력했다
효과는 더디었다

애가 안 큰다.
초등학교 3학년에 전학 온 아이가 난장이였다
그때까지 전교에서 제일 작았다
6학년이 되니 조금씩 자라
보통으로 되었다

애가 왜 이래? 4

수두에 걸렸다
첫째 아이가 6살 때였다
그래서
둘째 아이는 부랴부랴 예방 접종을 했는데

젖 먹은 첫째 아이는
조그맣게 살짝 흉터도 거의 없이 지나갔다

내 고집대로 소젖 먹여 키운 둘째 아이는
수두가 온몸에 큰 흉터가 남았다

그때 확실히 깨달았다
젖 먹이면 면역성이 강하다는 것을

애가 왜 이래? 5

걸음마를 겨우 하던
첫째 아이
버스를 타고 가 목적지에 내릴 때

사람들이 줄지어 내리는데
우리도 내리려고 아이를 안았더니
아이가 혼자 내려서 걸어가겠다고 떼를 썼다
안고 있던 아이를 내려
혼자 내리길 기다렸다
꾸물거리고 답답해 보였는지
어떤 아저씨가
달랑 안아 내려버렸다

그때부터 아이는 울고불고
버둥버둥

결국
다시 버스를 타고 내렸다

애가 왜 이래? 6

약한 첫째 아이 중심으로 육아에 집중하고 있는 사이에
작은 아이는 별일을 다 겪고 있었다

아직도 생각나는 것은
두 돌 즈음
베이비 룸[1]에 맡겨 놓았더니
어느 날 울고 있었다
왜 우느냐고 물었더니

얘가 때렸어

애에게 지나

얘는 이길 수 있는데
얘 엄마가 무서워

그 말에 속상하면서도
그렇네 싶기도 해
그냥 지나갔다

---
1) 베이비룸은 지금의 어린이집과 비슷한 개념인데 그때는 그렇게들 불렀다.

그렇게 자란 아이가
어른이 되어
사회생활에 곧잘 적응하고,
자식들과 남편과의 유대관계도 좋아 보여
다행이다

둘째딸

애가 왜 이래? 7

큰애가 3돌 지나 5살에
동네 근처 학산선교원[2]에 보냈다
목사 사모가 책임지고
매일 업고 해서 데려갔다
올 때도
사모와 여럿이 안전하게 와서 좋았다

그때는
둘째 아이가 3년 4개월 터울로 태어나
일이 많아 감당하기 어려웠다

어느 때
소풍 간다고 가봤더니

학산 선교원에서 첫 소풍 1

애는
큰길로 가겠다고 떼쓰고,
선생님은
줄 서서 길가로 가야 된다 붙들고~

---

2) 학산교회에서 운영하던 곳, 유아원과 유치원이 함께 있었다.

2년을 보내고
국영 어린이집으로 갔다

몇 년 지나 슈퍼에 갈 때마다
목사 사모를
우연히 만났다
얼마나 반갑던지
볼 때마다 뭘 사드리며 고마운 마음을 전했다

마음 놓고 애 맡긴 몇 안되는 분
고맙고 감사한 분

사모님
딸(서영란) 잘 돌봐줘서
고맙고, 감사합니다!
가내 두루 편안하시기를 기도합니다

학산 선교원에서 첫 소풍 2

애가 왜 이래? 8

어린이집에 보냈더니
곧잘 따라 한다
12월 발표회에
<갑돌이 갑순이> 무용을
참 잘 소화했다.

그 힘을 받아
그 근처 무용(발레)학원에 등록했다
2주일 만에 크리스마스이브

부모 참관이라
큰 기대 없이 갔더니
너무 잘 따라 한다
대부분 2~ 3년 다니는
아이들이란다
1년도 거의 없다는데
그 아이들 틈에서 잘한다
대견하다
원장이 임신했다며 문 닫을 때까지
몇 달 다녔다

그 뒤에도
애는 계속 다방면에서 조금씩
재능?을 나타내서 나를 기쁘게 했다
밖에서는 자랑스럽고,
집에서는 여전히 골통
집 어지럽히고,
땡깡에
고집 세고,
하고잽이다

애가 왜 이래? 9

이제는 학교
1학년 담임 선생님은
나이가 지긋한 여자 선생님
경험이 많아
애를 잘 다룰 거라고는 생각했는데~

한 달 지나 하루는
애가 울면서 하교했다
여러 애들이 때렸다고 하는데
놀라 부랴부랴
담임 선생님에게 연락했더니

선생님은
너무 놀라지 마세요
영란이가
똑똑하고 말도 잘하니
애들이 못 이겨서
그런 일이 생겼어요
잘 해결할게요

다음날
때린 애들을 모아
화해시키고
우리 집에도 오고
해결됐다

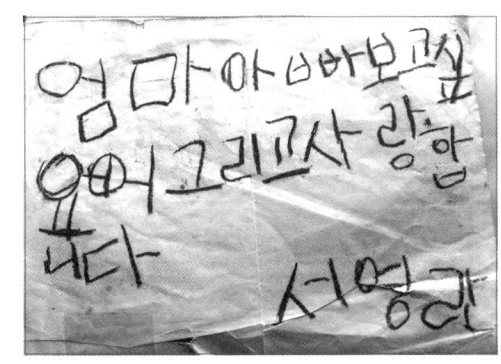

그 일로 나는
큰애가 고등학교 졸업할 때까지
학교에서 어머니회 육성회 등에
가입해 활동하면서
선생님과 유대를 놓치지 않았다

선생님
노고가 많으시죠
덕택에 우리 애가 잘~~ 컸어요
정말 여러 가지로 감사합니다

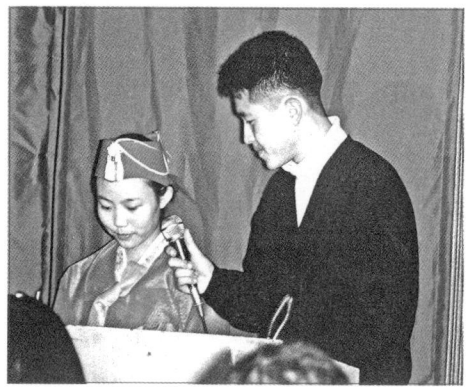

첫째 딸 서영란 사진모음 1

첫째 딸 서영란 사진모음 2

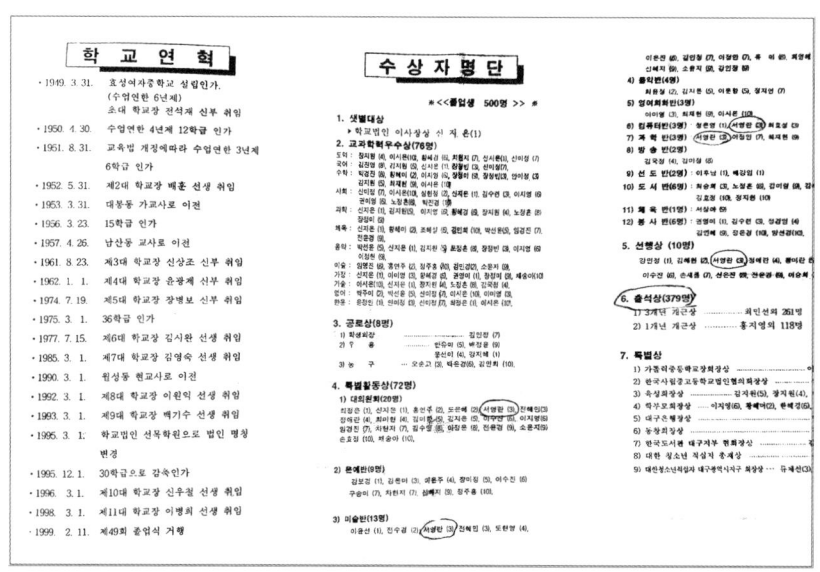

여섯 종목 수상

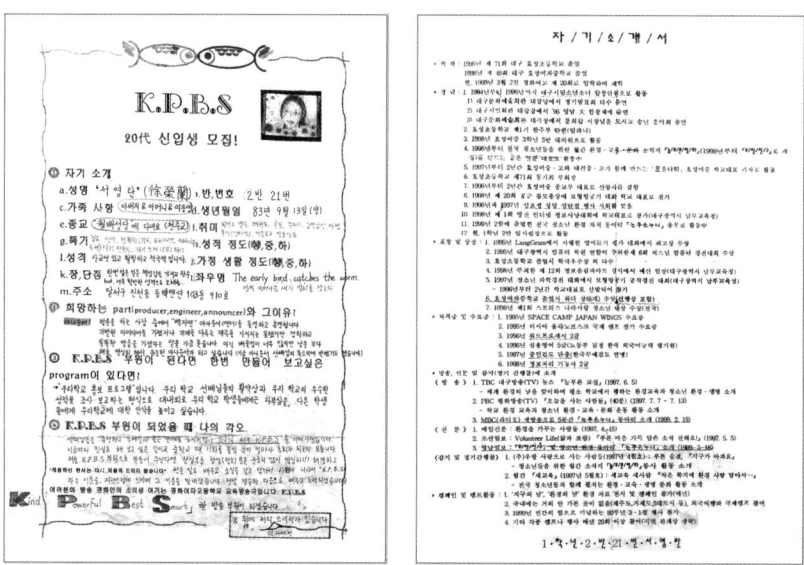

고교 PD 되다

첫째 딸 서영란 사진모음 3

첫째 딸 서영란 사진모음 4

애가 왜 이래 ? 10

학교에서
상장은 계속 받아오고
하고잽이로
피아노학원·미술학원
컴퓨터학원·합기도 등을 전전했다

4학년이 되니
전교에서
방과 후 수업을
제일 많이 했다

시간이 많이 걸리는
피아노·미술 중
한 개를 줄여야겠다
애는 둘 다 하겠다고
고집을 부리다가
미술 먼저
피아노까지 중단했다

이깝다

미술은 입상을 계속하고
피아노는 발표회도 2번 했고
체르니 30번도 2번 반복했지만
시간이 부족했다
새로운 것을 자꾸 도전하는데
감당이 안되었다

애가 왜 이래? 11

애가 버릇이 없이 굴다가
애 아빠에게 딱 걸렸다

아빠가
애를 뭐라고 지적하는데
옆에 있던 내가
피가 꺼꾸로 솟았다

애를 나무라는 것은
내가 할테니
영란아빠는 예뻐만 해라
남편과 정했다

나는 그 값을
지금도 톡톡히 치르고 있다
애들이 아빠만 좋아하고
무조건 아빠 편만 든다
손자 손녀들도 덩달아 할아버지에게는 잘 간다

애를
훈육이나
나무라거나
체벌하거나
돈 주거나
가르치는 것보다

애에게
같이 밥 먹고
이뻐하고
지켜보고 하는 것이
유대관계가 훨씬 좋다고
느꼈다

애가 왜 이래? 12

어느덧
동생도 학교 간다
이번엔 사립학교다

첫째는 신청해서 떨어졌다
목욕 재개시켜
옷 사 입히고
증명사진 찍어
택시 타고 가서
신청한 보람도 없이~

둘째는
있는 아무 사진들고
마감 시간 임박해 신청서를 냈다

그게 당첨되었고
나중에는 첫째까지
사립학교로 옮기게 되었다

둘째가 복덩이네!

둘째 딸 서정민 사진 모음 1

둘째 딸 서정민 사진 모음 2

둘째 딸 서정민 사진 모음 3

둘째 딸 서정민 사진 모음 4

딸딸이 엄마의 비애(悲哀)

딸
딸
딸딸이 엄마

월급도 안 받고
놀러도 못 가고
30년 동안 밥 밥 밥

손주가 7명
족보엔
絶孫(절손)

효성초교 졸업식

> **애가 왜 이래**는 이렇게 창작되었어요.

내가
24살에 결혼하고
25살에 첫째 딸
4년 뒤에 둘째 딸을 낳아 키우며
그 애환을 그렸다.
내 주변에서 애 구경도 못 한 내가
애를 키움에 힘든 일이 많았다.
그중에 생각나는 몇 가지를 적어 보았다.

십계명이 나온 시나이 산에서

III

손자·손녀

빵

돌 지난 서영이
제 얼굴보다 큰 빵을
한 입

서영아, 엄마 빵 좀 줘
못 들은 척
머뭇머뭇

서영아, 엄마 조금만 줘
몸을 비틀며
빵을 감추는 아이

그러려니
돌아서며
싱긋 웃는 엄마

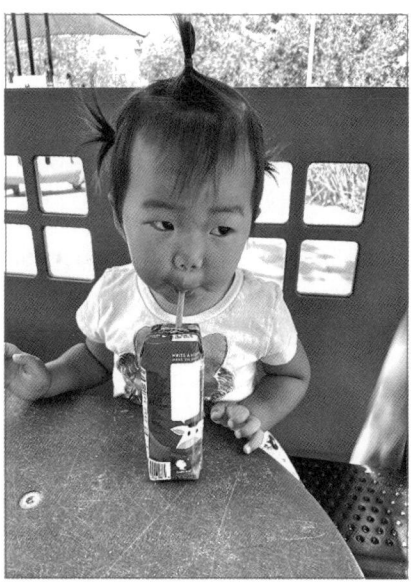

손녀 김서영 1

밖

눈만 뜨면
밖으로
밖으로

집보다
밖을 더 좋아하는 두 살짜리

오늘도
이른 아침
바깥 길가에 앉아

미소 짓는 아이

손녀 김서영 2

킥보드

우리 서영이 엄청 잘 타
벌써 킥보드 타면 한 발은 구르기 하잖아

정말
오늘도 킥보드를 쓱 미는 엄마
태연히 타고 가는 돌 지난 손녀

넘어질까 가슴 졸이며 보다가
웃고 말았다

앙증맞은 크기의 킥보드는
앞바퀴가 2개였다

오늘의 미션

이제 14개월
딸기를 잘 먹는 서영이
오늘도 딸기 한 그릇
선뜻 못 먹고 있다

엄마가 계속 먹으라고 재촉한다
용기를 얻은 서영이

포크를 3번 휘둘러 한 개 걸렸다
얼른 입에 넣고 엉덩이 들썩들썩

온몸으로 세리머니
오늘의 미션 성공

얼굴

못생긴 서영이

엄마 닮아 못생겼다

딸기 잘라 놓은 듯한 볼코

찢어진 눈매에

피부는 그을었다

예쁘진 않지만

15개월 서영이는

혼자 신발 벗기 선수다

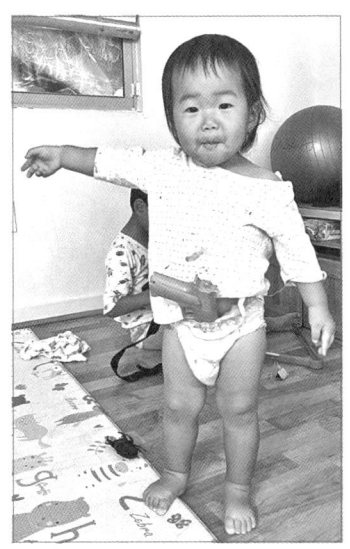

까 꿍

알록달록한 이불 속이 들썩인다

까꿍
    까꿍
        까꿍

덮었다
젖혔다 반복하는 사이

예빈이의 이가
2개
아니 4개가 보인다

내 동생 예빈이

누구나 입 대는
내동생 예빈이
예뻐서 한 번 보고
딸인가 물어보고
아들임에 또 본다

남자가 어쩜
눈도 크고 속눈썹도 길고
앙다문 작은 입술에 하얀 피부까지

엄마는 이런 관심이 싫지 않는 듯
틈만 나면
애들 카페나
사람들 있는 곳에 데리고 간다

오늘은 또 어디에 가려나

손자 권예빈

3초 섰다

섬마섬마하는 동생
뒤에서 슬그머니 받치는 엄마 손

하나
둘
셋
넘어졌다

웃는 예빈이
돌아서며
씩 웃는 나

엄마는 척척박사

동생이 '어' 하면
응, 오줌 쌌어?

동생이 '잉' 하면
그래, 하기 싫어!

동생이 '어' 하면
서영이 더 먹고 싶어?

동생이 손가락을 가리키면
저거 하고 싶다고?

엄마는 뭐든지 다 아는 척척박사

똘똘한 예빈이

오늘도
손자 보러 시외버스를 탔다

예빈이는
나를 알아보지만
섣불리 반기지 않는다

시키지 않았는데 혼자
짝자꿍 진진진
바이바이

예빈이가
애교를 부리는 거란다

그러나
결코 나에게 오지는 않는다
나에게 오는 순간
엄마가 없어지는 것을 알기 때문이다

'엄마'의 마술

15개월 된 내 동생은 할 수 있는 말이 엄마입니다
엄마에게도 '엄마'
아빠에게도 '엄마'
아는 사람은 모두 '엄마'라고 부릅니다

나에게도 '엄마' 하네요
"나는 엄마 아니야 엄마는 저기있네!"
해도 소용없어요

그래서
나도 엄마같이 동생이 필요한 것을 해줍니다

동생은 나를 좋아해

16개월 된 예빈이가 내 옆으로 와서
엄마, 한다.

'나 엄마 아니야 엄마는 저기 있네!'
소용없다.

나와 눈 마주치면서 까꿍, 하니
"까르르" 웃으면서 뒷걸음치다, 바로 또 다가온다

휴대폰 보다가도 까꿍, 하면
까르르
뭐가 저렇게 재미있을까?

10번 해도 까르르,
20번 해도 까르르, 웃는 내 동생

"형이 저렇게 좋을까"
엄마도 나도 웃는다.

동생 1

형아가

학교 가고 나면

형아 책상에 뭐 있나?

뒤지면서

노는 동생

동생 2

학교 갔다 오니
공책에 긴 줄이 그어져 있다.

공부하는 내 모습을 보고
흉내 낸 내 동생

내가 공부 잘하면
동생도 공부 잘하겠지

잘생긴 예빈이

비눗방울 놀이

방울방울
비눗방울
잡으면 사라지는
비눗방울

이리 둥둥
저리 둥둥
어디 어디
또 있나?

잡는 아이도
보는 엄마도
모두가 즐거운
비눗방울 놀이

잠

쿨쿨쿨
쌕쌕쌕

예빈이가 옆에서 피곤했는지 자고 있다

땀까지 흘리고 있네
꿈속에서는 놀이터인가 보다
손짓하며 미끄럼을 타러 가자고 ~

그래! 그래!
가만히 손대어 본다

> **손자·손녀**는 이렇게 창작되었어요.

애기를 다 키워
결혼만 했다고 끝이 아니다.

손자 손녀가 생겼다.
그 애들은 자식 때와 달리 귀여웠다.

내 책임이 좀 없다고 생각되었기 때문일까?
애기들 노는 모습이 귀엽다.

서영이와 예빈이

IV

가정주부

가정주부 1

여자는 결혼하면 가정주부

살림을 잘하거나 못하거나

따지거나 묻지도 않고 맡긴다

그래서

나도 자동 가정주부가 되었다

가정주부 2

풍로조절이 마음대로 안되네
이 일은 영 익숙해지지 않아

혼자 집에 있는 것도 이상해
시댁에 가는 것은 밥 먹으러 가는 길

가정주부 3

남편 되는 사람은
세끼 밥 먹으러 오다가 점심은 시댁에 갔다
점심밥 안 하고 안 먹었다

임신했는데 체중이 붇지 않아
매일 날계란을 먹어야 했다

아이가 건강하게 태어났는데
기저귀를 24개씩 내었다

아이는 젖을 먹었고 그런가 했다

가정주부 4

어릴 때부터
엄마 옆에도 안 갔다
엄마를 닮을까 봐
본 것이 없다

청소를 한다고 시작하면 더 어지럽다
청소하다가 정리한다고 더 어지럽고 청소를 끝까지 마치지 못했다

애가 똘똘한데
안 큰다
제일 작다
내가 먹는 정구지 김치 같이 먹는데도

가정주부 5

내가 어릴 때
쌍둥이 오빠들이 뛰어다니고 장난치면
내가 치였다

비쩍 마른 나를
아버지가 번쩍 들어 올렸다

내가 먹을 걸 들고 있으면
오빠들이 쩔쩔매게 되었다

아버지가 나와 한편 먹고
닮으라고 한 것 같다

지금은 가정주부
애들 밥 반찬 하러
요리 배우고
머리카락 묶으려고 미용 배우러 간다

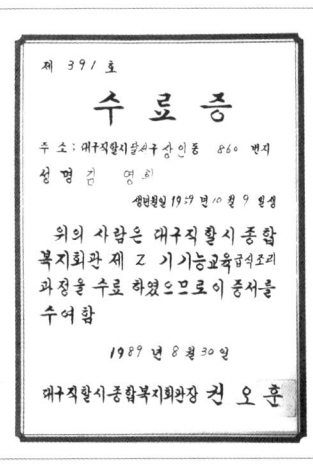

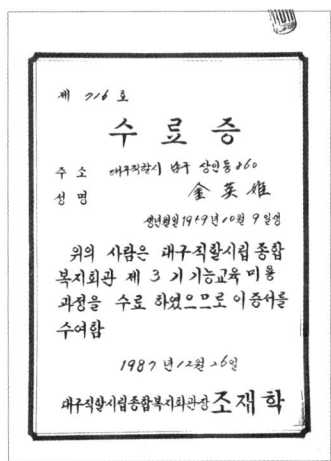

가정주부 52
- 소양교육, 2021년

프레탈 그래픽(frantal graphics)교육이다
파이선(python)프로그램에
y를 반복해 나무를 만들었다

나무와 열매에 색을 넣어 반복하게 하고
비대칭으로 만들었더니
세상에 하나뿐인 컴퓨터 그림이 나온다

사람은 게을러지고
일 안 해도
수입은 계속 생겨
손쓰고, 여행 다니는 새로운 세상이다

손편지 1

회갑이라고
손 편지를 받았다

정겹고 고맙다

딸은
속으로 철이 들고 있으니 조금만 더 기다려 달라고
또 엄마를 존경하고 말을 잘 듣겠다고~

10살 손녀는
생일 축하하고
사랑하고 사랑한다고 적었네

8살 손자는
할머니 건강을 걱정하고 힘내라고 하면서 사랑한다네

딸과 사는 사위는
효도해야지 하면서 시간이 흘렀고
함께 하는 시간이 늘기를 소망한다네

2018년 11월

손편지 2

회갑은 되고 볼 일이다
이번엔 미국에서 둘째 딸이다
손편지 만으로 부족한지
예쁜 백도 같이 보냈다.
변변한 손길이나 보호 없이
이런저런 세파에 시달리며
철이 빨리 든 둘째.

딸은
자식이 멀리 떨어져 있고
손자 손녀를 자주 못 보여줘 죄송하다며
좋은 일이 많이 생길 테니
건강해야 된다나
부처님 새끼손가락 같은 소리

또 내 심정을 아는지
곧 셋째 아기가 새로운 시작을 하려고 하니
도울 준비 하고 미국으로 오란다

마지막으로
축하
감사
사랑

나를 본받는다고 하니
이보다 더 기쁠 수가 없네!

형제 자매

회갑이라고 좋기만 할까?
둘러보니
형제 자매는 어디 가고
이제는 반만 남았다

병들어서,
연락두절 되어서,
또…….

그나마
친하게 지내던 오빠와는
척이 졌다

다행인 것은
미국에 살던 언니는 이제 돌아와
한국살이를 준비하네

아!
어릴 때 영원할 것 같은 형제 자매들이여
나이 들어갈수록 새록새록 그립구나!

큰동서

큰동서가 병원에 입원했다
코로나19에 걸려 집에 격리 중인데 무단히 넘어지고 고관절이 부서졌다
입원할 병원을 수소문해서 수술은 잘 되어 일반 병동에 있다
물리 치료 받고 운동도 해서
다시 걷게 되기를 응원한다

나도 석 달 전 코로나19에 걸려 동산 병원에 입원해서 고생했다
남들은 5일 전후에 퇴원할 때
나는 12일 동안 입원했다
4일에서 5일은 음식도 먹기 싫었다
염증이 없어지지 않아서
피검사 6번, 엑스레이 6번 만에 통과되어 퇴원했다
그동안 먹던 당뇨약은 인슐린을 바꾸고 적정량을 조절해서 멀쩡하게 퇴원했다

그동안 밥 안 하고
주는 밥 먹어서 좋았다
내가 하는 일은 밥 먹고 자고 걷고 하면 되었다
얼마 만인가 40년 만이다
24살 되도록 부모님이 해주는 밥을 먹고 설거지는 한 번도 못했다

이제 부모님은 안 계시고, 나는 입장이 바뀌어 부모가 되었다
엄마 아버지 고생하셨죠
고맙습니다

둘째 동서, 딸, 큰 동서

삶의 경계에서

아침밥을 기다린다
5분이 지났을 뿐인데
밥이 와도
간호원이
바늘로 내 배를 찔러야
비로소 만찬을 시작 할 수 있다

냄새도 킁킁
따뜻은 한가
반찬은 뭔가 엿보고는
무심한 듯 태연히
마스크를 하고 있다

인슐린이 늦다
입은 알아서 침을 내지 않고
누웠다 일어났다 걸었다
어느새 밥 앞에 앉아있네
잊어버렸나

인내심은 바닥나고
전화통에 매달렸다
저혈당이 와서 의논 중
오르락 내리락
이제는 혈당이 문제다

입원 생활 안내문

뻔한 소리
다 안다고
대강 보고 밀쳤다

입원 10일 차
퇴원을 앞두고 다시 보니

궁금했던 내용이 다 있네!
자만심으로
스스로를 힘들게 했다는
씁쓸함

내 몸 사용 설명서

기계를 사면
비록 작은 것일지라도
사용 설명서가 있지만
내 몸은
내가 알아서 챙기지 않으면
탈이 나기 쉽다

어려서는
엄마가 관리 해 주다가
크면서는
경험과 주변 이야기를 듣고 보고
건강하다 했더니 웬걸

오늘은 몸 일부의 기능을 찾았다
운동을 좋아하지만
후라후프는 안 되는데
그 원인이 무릎을 안 구부린 자세가
문제였다

영광의 상처
- 김장 유감

그깟
김장이 뭐라고
절인 배추 옮기다 흘린 소금물
안과 밖을 드나들며
밟고 또 밟았다
발바닥이 갈라졌다

김치 양념을 한참 썰었다
감각이 무뎌지고
칼에 베이고
채소에 치여 상처도 생기고
지문은 닳아지고
체중은 3kg 줄었다
잠도 못 자고
화장실도 마음대로 못 갔다

남편은 바깥일하고 와서 옷 갈아 입으러 들어가더니
안 나온다
조금만 거들면 수월할 텐데

양념 묻은 손으로 장갑을 벗었다 꼈다 뺐다 꼈다
나는 더욱더 지쳐 갔다
입술 터지고
목소리 변하고
콧물이 흘렀다

김장이 뭐라고
내년에는 안 해야지
아직 10년은 더 담가야겠지

갈라진 발바닥에 로션을 바른다
내년에는 절임 배추나 살까

김장유감

절임배추만 80kg
김장 담아
삼이웃에 돌리고
듣고 싶은 말이 있다

맛있다!
떗갈 좋으네!
애썼다!

올해는 다 간다
이제 동지 팥죽만 남았다

김장김치

고생해서 만든
김장김치를 조금 보냈다

맛있다고
호들갑을 떨더니
딸의 친구가
올해는
떡을 보냈네.

혼자
밤낮으로 일한다는데
작년에
상품권을 받고
인사도 못했는데…

인지상정
- 보통 마음

남의 사정을 짐작하여 김장 30kg 더 담아서 들렸더니
반응도 가지가지

옥수수 빵을 옥수수 100%라고 주는 분도 있고
김치를 집에 넣을 곳이 없다고 말하며 방치하는 분
김치를 얻어 왔다고 감사하다는 분은
돈으로 계산하게 하고

생각도 않다가 드리니
저녁(칼국수)를 내셨는데
팀원 모두에게 쏘는 것이 맞나요?

굳이 전화해 김장 안 담았다고 밝힐 때는 언제고
굴김치와 포기 5쪽은 많다면 많은데
2천원 짜리 풀빵은 뭡니까?

또 김장을 공동으로 맡기자고 하더니,
김치 한 통 넣을 데가 없어 일주일이 지나도록 방치했나요?

말도 안 통할 것 같은 박쌤은
이제와 내 말에 반응해서 다행입니다

일단 모두에게 감사합니다
다음에 안 담아 드려도 되는 명분이 생겼어요
감사합니다 이렇게 재미있을 줄 몰랐습니다

가정주부 64
- 격세지감

시댁에서
몇날 며칠 준비하던 김장 김치

배추 절이고
설전 설후 구분 양념해

알타리 석박지 동김치 오그락지 배추김치 굴김치까지 만들었다

올해는 절임배추 주문하고
김장 양념만 만들었다

내년에는
김장 양념도 주문할 듯

또 김장

한 번 하기도 힘든 김장 또!

텃밭에서 키운 작은 배추로
정성껏 담갔다.
사위가 와서 맛있다고 했다.

그러더니
"굴 먹고 싶어요!"
김치 속을 파서 굴만 빼서 먹었다.

섭섭하고 찜찜했다.
굴 2키로 사서 다시 담가 보냈다.

이것이 사위 사랑

2019년 12월

가정주부 65
- 자식이 뭐길래

일 년에 한 번도 하기 힘든 김장
나는 절임배추를 주문해서 간단히 해치우려 했다

화요일에 절임배추가 도착하는데
굳이 그 이틀 전인 일요일에 김장하겠다는 딸

자식이 뭐길래
부랴부랴 생 배추 사 절려놓고 양념 준비했다
그러나 오지 않는 딸을 섭섭해 할 새도 없이
혼자 40킬로 김치를 담았다

내일 모레는 딸이 오려나?

사돈
- 2021년

사돈이
김장을 100포기 담았다고 한다

고춧가루가 15근에
생새우, 가는새우 갈고
조기 갈고, 무 3개 채 썰고
양념만 두 큰다라이다

서-넛사람이 버무리고
돼지고기 삶아 오는 사람
배달 다니는 사람까지

절임 배추값만 70만 원이 들었고
무로 석박지 깍두기까지
계산해보니 750kg 정도

공장에 일하는 사람과
이전부터 주변에 할머니도 챙기고
담그는 사람들도 나누고

큰 며느님의 아픈 친정을 대신하고
여차하면
내게도 보낼 기세다

스케일도 크고
여장부 같이 든든한 사돈 존경스럽고요
작은 며느리도 잘 부탁해요!

가정주부는 이렇게 창작되었어요.

남들은 살림하는 것이 뭐 힘드냐고 할지
모르지만 나에게는 또 새로운 과제였다.

애를 잘 키우고,
살림을 잘하기 위해 나는
요리를 배우고,
애들 머리를 잘 묶으려고,
미용 교육도 받으며
적응하는 과정을 남겼어요.

나의 추억의 사진들

이집트

로마 1

로마 2

일본

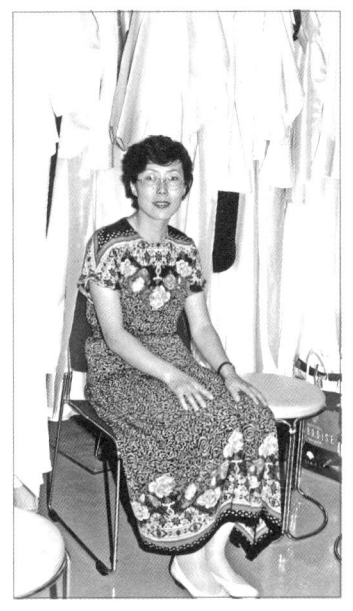

대구시 여성회관 합창단 권영우 지휘자 등

일본에서 합창단 공연

예수님 실물에 가깝다는 그림

마리아와 예수

마리아가 성프란치스코를 가르키는 그림

성프란시스코

갈릴레아 호수에서

성지순례 이성희 가이드와 카타리나

이스라엘 베다 신부님과 나

비평가 이어령을 보다

정민 고교 졸업식때

요리사 한복선의 식품대리점 체결 후

시부모님 사진

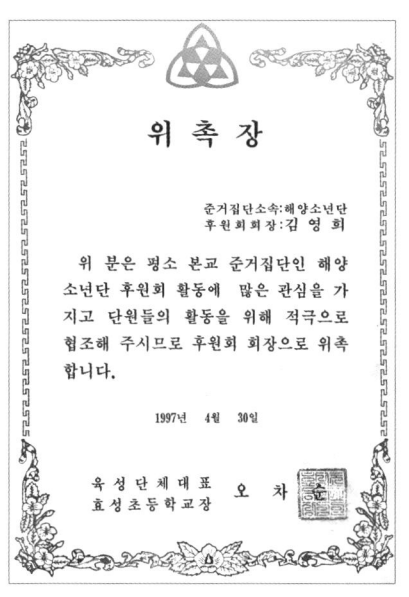
해양소년단 후원회 회장

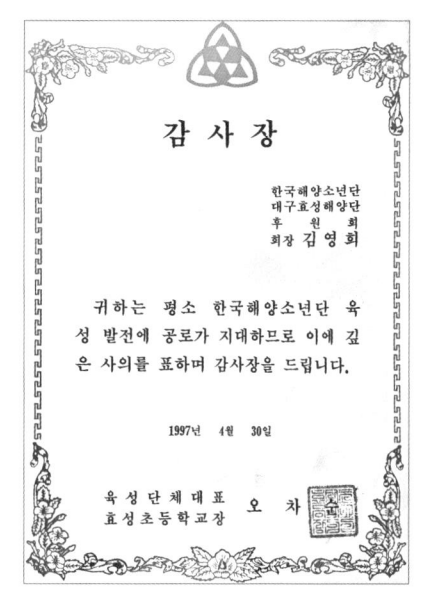
해양소년단 감사장

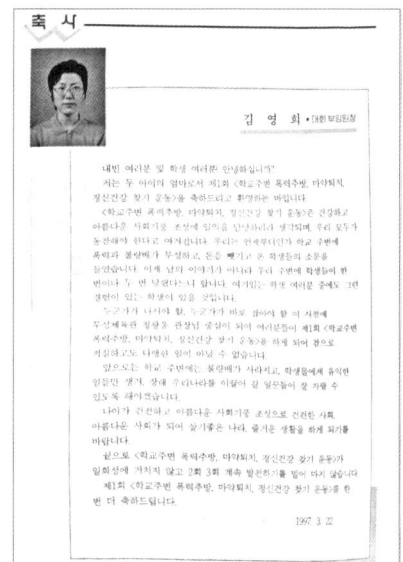
학교주변 운동 대회 부임원장 축사

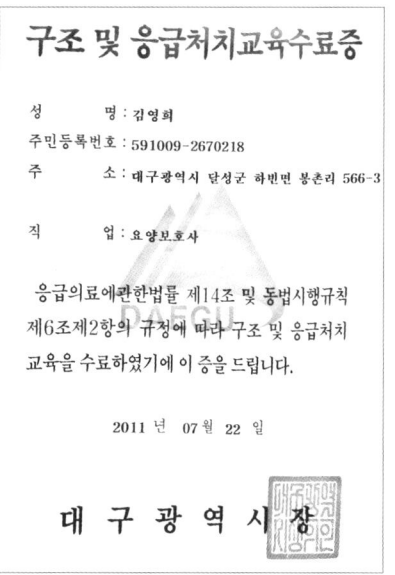
요양보호사 수료증

계명대학교 사회교육원 수료증

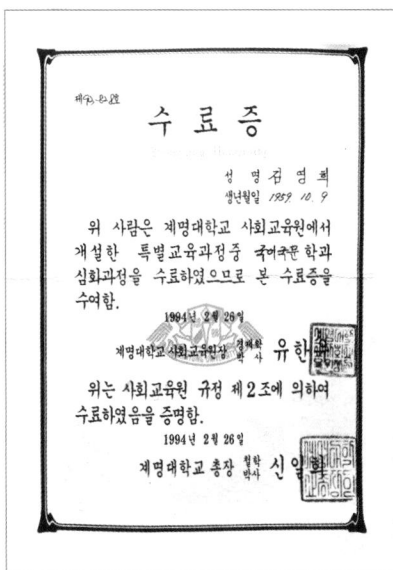
급식 조리 수료

녹색어머니회 감사장

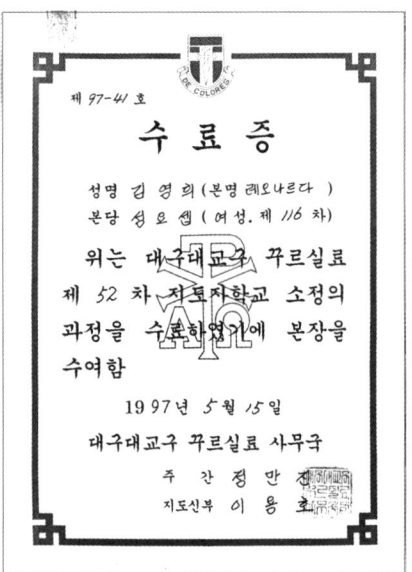
제52차 지도자학교 수료증

언니의 편지 1-1

언니의 편지 1-2

언니의 편지 2

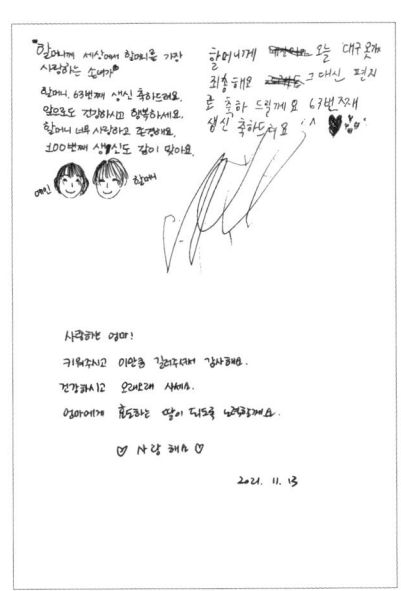
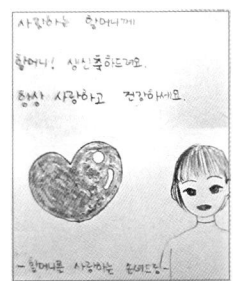

딸과 손자·손녀들의 편지

V

단상

마스크한 세상
- 2020년

모두 마스크를 꼈다

코와 입을 가리니

두 눈만 뻐끔 뻐끔

누가 누군지 모르겠다

인사를 해도 누구요?

인사를 받아도 누고!

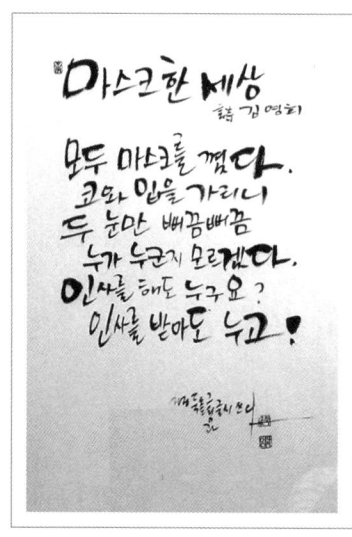 

어떤 추석, 2021

8명만 모이는 추석
차례에 어른들만 모인단다

아이들이 없는 추석도 추석일까?
달님도 구름 속에 숨었다

행복

주변이
온통 살구나무

떨어진 살구를
주섬주섬 한가득

먹을 걸 고르고
나머지는 쨈으로

마침 반 값하는 식빵과
그릇 그릇 담은 쨈을
이웃집으로 나른다

줄어드는 건 쨈인데
마음은 더 풍성하네!

시작(詩作)을 시작(始作)하다: 두번째 이야기   달성군립도서관

행복

김영희

주변이
온통 살구나무

떨어진 살구를
주섬주섬 주었더니
한가득

바로 먹을 걸 고르고,
익은 것은 잼으로

반 갈하는 식빵과
잼을 바리 바리 담아
온 동네를 휘젓는다.

졸아드는 건 잼인데
마음은 흐뭇하고 들뜨네!

나이야가라 폭포
- 나이아가라 폭포를 관광하며

폭포 '나이야가라'는

우리나라 폭포다

왜냐하면

'나이야, 가라'니까

시간

내 나이 만 60세
돌아온 갑 회갑이다
새로운 시작 새로운 시간이다

그동안
얼마나 천지개벽할 일이 많았던가
딸도, 집도 생기고
해결 안 되고,
원치 않는 결과도 있었지

딸 가족이 휴가 내 여행 간단다
여행 간 딸네를 대신해
개 밥 주고 오물 치우며
대구에서 상주를 왕래하고 있다

이제는 정말로 내가 중심인 세상
나를 위한 시간을 보내리라

마음속 시계

밝은 대낮 시간과
어두운 밤 시간은
항상 똑같이 지나간다.

아니다.
모두 자고 있는데
혼자 아파서 깨어나 있어 보라

마음속의 시계는
제멋대로

세월

자식이 크는 것은

기쁨

늙는 것은

서글픔

노년

나이가 들다보니
지혜가 생긴다

몸은 늙어가는데
마음은 늙지 않아

손녀손자 크는 것 보며
나이 듦을 잊는다

미래를 읽다
- 노화

미래에 노화는 관리가 가능한가?

공적인 환경을 좋게 하자
맑은 공기
맑은 물 마시고
햇빛을 쬐고

발효 음식을 먹되
위의 80% 정도만 채우며
적절히 움직이며, 운동하라
스트레스 조금받고
최대한 건강한 상태로 오래 지내자

기계의 도움으로
신체 일부를 대체할 수도 있는 시대
적극적으로 활용하고
현재 불치병을 극복하고자
500여명이 냉동 상태로 기다리고 있는 세상

체세포 복제 및
분할이 가능하고,
병채로 젊음을 공유할 수 있고
파라바이오닉스는
늙은 줄기세포로도 새 줄기세포가 된다니

앞으로
과학기술로 노화는 관리 가능하겠네

앞으로 포스트휴먼[3] 세상
존중받으며,
무인자동차 타며
행복하게 살자

---

3) 포스트휴먼(posthuman) : 현 일류보다 더 확장된 능력을 갖춘 존재로서, 지식과 기술의 사용 등에서 현재 인류보다 월등히 앞설 것이라고 상상되는 진화인류, 생체적인 진화가 아니라 기술을 이용한 진화로 반영구적인 불멸을 이룰 것이라고 여겨진다.

미래 경제를 읽다, 2021년
- 키오스크

고속도로 휴게소
자동 결제시스템이 귀찮고
불편하더니, 점점 진화해
기계가 나를 알아보네!

2022년 2월
중국 베이징 동계올림픽에서는
최첨단 AI로 무장하고
차세대 결제 수단으로
중국화폐를
디지털지갑으로 세계를 주도하려 한다

미국 달러 중심에서
중국디지털 지갑으로
중국 돈의 저평가를
바꾸고 주도하고자 한다니
눈여겨 봐야 하고
중국이 미국을 추월할지도 모르겠다

시인(詩人)

연금술?

장황한 장면을

그림 그리듯

몇 마디 말로

상황종료

이유 2020

나는 시인이다.
아니 시인이 되려고 한다.
코로나19가 아니었으면
되고도 남았을 것이다.

집에 방콕 하기를 몇 달째...

시인은
자고로
예쁜 전경이나
꽃을 보거나 해야
시상이 떠오를 텐데

그래서
아직
시인이 되는 것이
늦어진다 말이지

낙동강

11월 말 사문진에는
아직 소국이 피어 있고

달성습지는 쓸쓸한가 싶다가도
넓어지네

화원동산쪽 데크로 걸어가니
낙동강 줄기 따라 줄지어가는 오리 떼

망과 송년

망년회 하자고 가보면 송년회라 쓰여 있다

송년회 망년회
무슨 차이인가?
잘 모르겠다

망년회 하고 싶지만 겸손해지며
송연회라 하나?

2019년 12월

제사(祭祀)

촛불과 향을 피운다

조상을 생각하고
근본을 잃지 않는다

온갖 어려움 이겨낸 아버지
아버지를 꼭 닮은 막내딸

조상을 욕되지 않게 하겠다고
스스로 다짐하고 힘과 용기를 얻는다

지각

오늘도 늦었다
집은
엎어지면 코 닿는 곳

늦게 일어났고
꾸물거리고
어제 뭘 너무했나?

그래도
가야만 한다
늦어도 가야 한다

행복학교

마음속에 있었네
서로의 다름을 인정하며
평화롭고 안정된 마음
행복할 권리

지금
여기는 행복학교
사랑하며 행복합니다

우리집 고양이 철수 　　　내가 쓰고 있는 1988년산 시계

대상포진

걸렸다. 대상포진
왼쪽 다리에 쥐가 나더니
멈추지를 않네

어마무시한 이 고통
설마 멈추겠지
포기하고 병원 가는데 4일

추가검사 3일 지나 나온 진단
'대상포진'

열심히 약 먹고 바르니 이제 괜찮겠지...
웬걸 입술로 만지면 마분지 만지는 듯
몽운주사 맞은 것 같다.

진작에 예방접종할 걸

김기사

나에게도 가칭 "김기사"가 있었다

"김기사! 화원시장으로 빨리~"
"김기사! 도서관으로~"

그러나
이제 김기사는 없다

시니어클럽에서
'아버님'을 시작으로
아파트 주민들이 '회장님'하더니
또 다른 회장님으로 가버렸다

아!
오늘도 김기사를 그리워하며
버스에 몸을 실었다

문어

마산 사돈이
또 생선을 보내셨다
이번엔 대구와 문어다

산 놈을 잡아 보냈다 하니
생물임을 알 것 같다
아직도 움찔할 것 같은 느낌

고통을 느끼는 문어와 게를
살아서 삶는 것을 금한다며
기절 내지 죽여서 요리하란다

삶아서 먹을 생각을 하니
아득했다
좋아하는 음식 이름 하나를 지웠다

가장

벽돌을 지고 갑니다

옆에 내 아이가 있어

안고 싶지만

벽돌을 지고 갑니다

아버지

잠과 나

이른 새벽
밤새
뒤척이다 나왔다

휴대폰 오락하기에는
뒤끝이 좋지 않다는 것을 생각해내고

컴퓨터 자판 자리 연습을 할까?
엉거주춤 앉았다.
정리 저장하는 내가 새삼 다르게 느껴졌다

신선하고 조금 좋아 보여도
나는 나다.

수박

내일은 초복
눅눅한 장마로
기운은 다운

"질질 오는 비야
하루쯤 맑아라."

"지긋지긋한 더위야
바람 불어 날아가라."

푸른 바탕에 검은 줄 친
수박 한 덩이를 샀다
아니 서늘 달콤을 샀다

어느 날의 뉴스

요즘은 혼전 임신이 혼수다

한 여자가 결혼해서 살다가 이혼 소송을 냈다

그런데 "여자가 위자료를 내라"는 판결이 났다

혼전임신으로 낳은 아들이 그 남자의 아이가 아니라나

이럴 때 보면 이스라엘처럼

여자 중심의 혈통이 정확한데…

모국(母國)

딸 찾아 비행기만 13시간 미국 캘리포니아 얼바인
8천 세대 대단위 아파트
한국인
일본인
중국인
부모가 요령껏 보내 준 돈으로 미국 문화를 접하려 한다

모국에서 무엇을 받았고
무엇을 할 수 있으며
무엇을 해야 하는가?

수학여행에서 어이없는 실수로 떼죽음 당할 수 있는 나라
여건만 되면 눌러 앉아야지
되돌아오는 이 얼마나 될까?
마음속으로 그리던 모국
늙으면 모국 찾겠지

2018. 6.

읽기의 중요성
- 단상

24개월 된 아이에게 abcd... 자석으로 된 카드를 보여주며 읽어주고 나니

아이가 그림책을 보고 글자 짚어가며 읽는 영상을 보았다

그림책에 나오는 글자를 짚어가며 읽는다
뒤에서 앞으로도 읽고
잘못 말한 것은 또 고쳐서 말한다

우리가 말하지 않으면
읽어주지 않으면 안 되는 일이란다

이 과정에서 두뇌가 활발히 움직일 거라고 충분히 짐작하는 바다

이웃사촌

나에게도 이웃 사촌이 있다
내가 집을 비울 때 고양이 '철수'에게
누가 밥 주나?

멀리 있는 철수 전 엄마가?
집에 있는 남편이?
딸이?
아니 아니
202호

얼굴이 안 예뻐도
마음은 비단결 같은 아기 엄마
날씬하지 않아도
아픈 개나 고양이를 보면 병원 가고
집 잃는 동물 돌봐 주는 202호

나는 202호가 있어서 참 좋다

장 마

집중호우 산사태 발생
홍수로 떠내려간 사람들

차라리 문 닫고
집에서 보낸다

여행도 못 가고
바람도 쐬고 싶지만

커피에 오징어 땅콩을 먹으며
음악이나 듣자

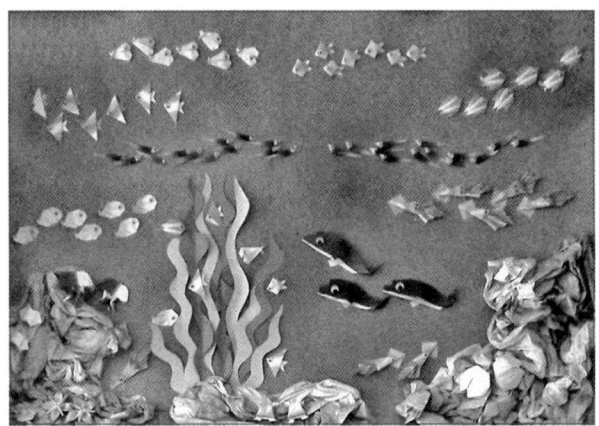

선물받은 종이 접기한 액자

주왕산

수많은 사람들 중에
우리 가족도 있다

손자는 유모차에~
큰손녀는 "내 시가 어디에 붙어있나?"
또 손자는 사진찍기 "친구들에게 자랑해야죠"
애들 잃어버릴까 노심초사

정신없이 올라가다가
문득
고개를 들어보니
어느새 울긋불긋 붉은 단풍과
크고 우람하고 잘생긴 돌들이
서로 어울리며 뽐내고 있네!

자연도 우리 삶과 비슷한가!

추석 보름달

추석과 보름달은 한 세트다
추석에 흩어졌던 가족들이 모였다

누가 얼마나 달라졌나?
삼촌은 여자친구가 생겼나?
아빠의 진급 했다는 이야기
아이가 얼마나 컸는지 공부는 잘하는지
이야기꽃을 피운다
할아버지 할머니는 더 늙으셨네!
스스로 평가 내리고 이야기꽃을 피우고 이제는 집으로 가는 길

환한 보름달 보며 감탄사를 발하며
소망하고 다짐한다

삼촌은 출세하고 장가가야겠고
나는 공부 잘해서 칭찬받고 키도 더 커야 해야겠다
할머니 할아버지는 더 늙지 말라고 소원을 빈다

그래서
추석과 보름달은
한 세트다

얌 치
- 마음이 깨끗하여 부끄러움을 아는 태도

시모임을 하는 곳에서
'문우 오는 순서대로 시 교정 순서로 합시다' 한다면
지각 대장인 내가 제일 뒤가 됩니다.
그러니 내가 앞장서 할 말이 아니지요!
영리한 공쌤이
그것을 모르겠는가?

'김쌤이 오는 순서대로 하자 했으니
내가 먼저다'며
시5편을 교정 받고 바로 나가버렸다.
내가 한 말이 아닌데
만만한 나를 잡아넣고, 순서 양해도 없이~

공쌤과 잘 지내기 위해 노력한 보람도 없이
황당하고
어이없고
울쩍합니다
김장 담아 나눠준 것이
아깝습니다

얌치하여
문우의 우정을 나누면 어떻겠습니까?

※ 시모임 같이하는 공쌤에 대한 섭섭함.

오늘은 좋은 날

왜 이리 좋나?
상가 산 지 3년
그동안 세를 못 놓아
속이 상했지.
오늘은 세를 놓았다 '스터디카페'라나

오늘은 좋은 날
점심은 반월당으로 탕수육 먹으러 간다네

오늘은 좋은 날
묵은 상속 문제 해결하려고 법무사 직원이 나를 부르네

불효

생전에
엄마가
사달라시던 거봉!

이제
거봉만 보면
회환의 눈물을 흘립니다

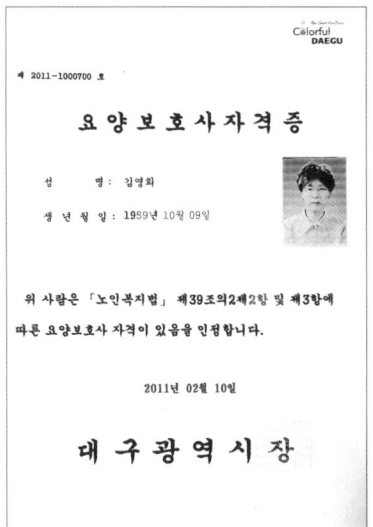

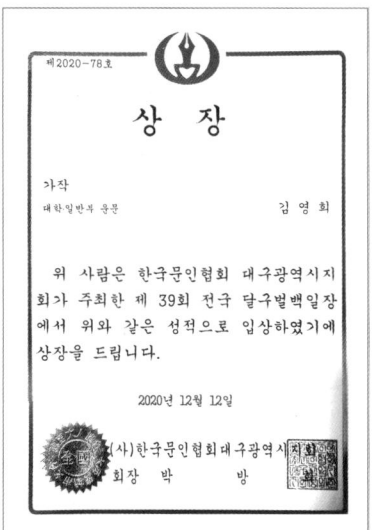

> **단상**은 이렇게 창작되었어요.

여러 가지 일을 겪고 살아갈수록 힘들게
느끼는 순간이 지나고

어느 정도 생활이 자리를
잡고 마음의 여유가 생겼다.

전에는 지나가던 어떤 일에도 다급하게.
허둥지둥하더니

이제 마음의 여유가 약간 생겼는지
보는 시각이 달라질 때가 있다.

VI

낙화

낙화 1

어제
환하던 호박꽃이
오늘 졌다

꽃 진 자리에
열린
쬐그만 애호박

낙화 2

호박꽃이
떨
어
지
니

호박이
자
란
다

낙화 3

한번은 피웠던 꽃이다

활짝이 다녀간 꽃

고구마 줄기

고구마 먹기 위해 심었더니
줄기만 무성하네

부지런히 물주고
가꿔온 희망의 고구마

드디어 개봉박두
고구마는 거의 없고 줄기만 한 무더기

싹

작년
틈틈이 수확한 고추는
반찬으로나
이웃과 나눠 쓰고
남아돌아 플라스틱 통에 담아뒀다

그리고
올해도
고추 모종을 사서 심었다.
곰팡이 핀 플라스틱 통의 고추는
밭에 버렸다

응?!
그 고추에서
고추씨가
수많은 싹을 틔웠네!

잡초

비 온다는 일기예보에 텃밭에 물을 안 줬다

잠시
고추 싹이 신기해
다듬고
관리하며
풀을 뽑았다

여기 이놈!
저기 이놈!
영문도 모르고 뽑힌 풀이
항의한다

왜 나만 미워해!
서둘러 물도 못 주고 나왔다.,

※ 내가 보면 잡초지만 잡초는 고추 싹이 잡초 할 수 있겠다.

어떤 세상

집 뒤
텃밭에는
다른 세상이 있다.

고춧대 옆
풀 한 포기 뽑자
개미가 바글바글

얼른
고춧잎을 따자
따라온 고추 벌레가
"뭐야!"

깻잎 순을 만지자
진딧물이 끈적끈적

살구

집 앞의 살구가
어젯밤부터 뚝뚝 떨어지니
오늘이 디-데이다

이른 새벽
장대 들고
눈 비비며 나왔다

그런데 웬걸,
누가 먼저
다 따가고
겨우 몇 알만 남았네!

사막의 장미

아파트 계단에 '사막의 장미' 피었다

몸통은 지팡이 같고
분홍 꽃은 손톱만 하다

창문은 닫혀있어
벌 구경은 못 할 거야

살그머니 창문 열고
계단을 오른다

수박

파랑 공을
까만 띠로
공들여 감싸더니

갈증을 해결하고
시원 달콤
마법의 빨강이 되었네!

사마귀
- 당랑거철

이게 뭐지?
늦게 핀 노각이 이상하다

잎이 2개 핀 것 같은데
이번 것은 다른데~

유심히 보니 곤충다리 같은
사마귀?

사진찍어 남편에게 보였다
-버려라 해충이다

나는 이해가 안 갔다
세모머리를 돌려 나와 마주쳤다

그 기상
괜찮네!

> **낙화**는 이렇게 창작되었어요.

나이가 듦에 따라 삶의 여유가 생겼는지
전에는 전혀 보이지 않던 화분이나 꽃들이 눈에 보인다.

언젠가
엄마가 내 생일에 맞춰 화분 여러 개를 힘들게 들고 오셨다.
나는 그 꽃에 물도 주지 않았다.

엄마가 한참 지나, 와서 보고는
"지나가다 오다가다 침만 뱉어줘도 안 죽었을 거다"라고 했을 정도다.

먹고 살기도 힘들고 애를 봐야 되는데,
그게 나하고 무슨 알 바 있나? 라고 생각되었다.

그러나 나이 듦에 따라 나도 모르게
꽃밭 있는 아파트 1층에 살면서
그 속에 앉아있었다.

작가의 말

이 책을 준비를 하면서,
내 인생에 마무리가 될 줄 알았다.
기대했다.
그러나 내 착각이었다.

인생의 마무리를 해야 될 때고
큰 변화가 없을 거라고 생각했다.
그것도 착각이었다.

나는 새로운 손자 손녀의 보모가 되어있었다.
딸 둘이 결혼해서
손녀·손자를 일곱 명 두었는데
이제 와서 "엄마 찬스"라고
동시에 불렀다.

평일에는
이쪽의 손자
주말에는
대전에 저쪽 손녀
평일 오전에는
남편 병원 따라가기도 하고

내 일도 틈틈이 하자니
처음 한동안 감기를 달고 있었다.

그래서 포기하고 싶을 때가 많았다.
하지만 또 이겨내야 한다.
애들도 자리를 더 잘 잡아야 하고
내 인생의 마무리도
아니 내 생활도 점점 더 활기차게 하고 싶다.
지금이 가장 젊을 때라는 말도 생각나고
지금이 가장 좋을 때라고 한다.
더 병들고 아프기 전에 지금 하던 일을 계속하고자 한다.